川島隆太（東北大学教授）監修

JN051260

らくらく

川島隆太教授の 脳体操 数パズル

90日

Gakken

「脳体操」で楽しくトレーニング！　脳を元気に!!

東北大学教授　川島隆太

　歳を重ねていくうちに、人の名前が思い出せなかったり、物忘れをしたりと、脳の衰えを感じたことはありませんか。このような衰えはすなわち**「脳の前頭前野の働きが低下した」ことが原因**なのです。

　脳の前頭葉にある「前頭前野」は、ものを考えたり、記憶、感情のコントロール、人とのコミュニケーションなど重要な働きをしています。ここを健康に保つことが、社会生活を送るうえで最も重要なポイントです。

　しかし、テレビだけを見て一日中過ごしたり、人と会話をする機会が減ったり、手紙など手書きで文章を書く習慣も少なくなっていくと、脳の前頭前野の働きがどんどん低下していくことになります。

　そこで皆さんにやっていただきたいのが本書の「脳体操」です。人間の体と同様、脳を動かすトレーニングによって脳が活性化し、**「働く脳」へと生まれ変わらせる**ことができるのです。

　脳が担う情報処理や判断、行動や感情の制御といった脳機能の中枢が前頭前野です。本書の「脳体操」で前頭前野を鍛えていきましょう。楽しみながら毎日続けることで、脳がどんどん元気になりますよ。

川島隆太教授
東北大学　加齢医学研究所所長

「脳体操」で脳がいきいき活性化！

　脳の前頭葉の活性化について、多数の実験を東北大学と学研との共同研究によって行いました。

　実験は、本書と同様の簡単な計算や熟語の読み書きの作業について、脳の血流の変化を「光トポグラフィ」という装置で調べました（下の写真）。その結果、下の画像のとおり、安静時に比べて問題を解いているときは、脳の前頭葉の血流が増え、活性化していることが脳科学によって判明したのです。

　本書は、脳を元気にする「脳体操」を掲載しています。気楽に遊び感覚で取り組めるものばかりですから、楽しみながら毎日続けていきましょう。

「脳活性」実験の様子

「光トポグラフィ」という装置で脳血流の変化を調べます。本書にあるパズルが、前頭葉の活性化に効果があることが実験でわかりました。

安静時の脳

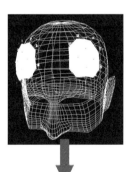

白く表示されているのは、脳が安静時の状態にあることを示しています。

前頭葉の働きが活発に！

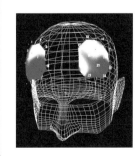

計算問題を解いているとき

問題に取り組むと、前頭葉の血流が増え脳が活性化します。

短い時間でOK！　集中して速く解きましょう

　脳を元気にする本書の「脳体操」は、初めての方から取り組める簡単なトレーニングです。トレーニングといっても、計算や数字の単純なパズルで、どれも楽しいものばかりですよ。

　実は、こうしたパズルをやるときに、脳が非常に活性化することがわかっています。解くのに時間がかかる難しい問題よりも、いたって**簡単なパズルをどんどん解く**ほうが、より脳を活性化させることが証明されているのです。

　トレーニングの最も重要なポイントは1つです。

　それは、**パッパッパッとできるだけ速く解く**こと。

　脳のトレーニングは、学校のテストと違って、正解を出すことはあまり重要ではありません。間違えることをおそれて慎重に答えるのではなく、できるだけ速く問題を解くことが重要です。なぜなら、できるだけ速く解くことで、脳の情報処理速度がアップするからです。頭の回転力がどんどん向上し、前頭前野の働きがアップ！　脳をどんどん元気にさせます。

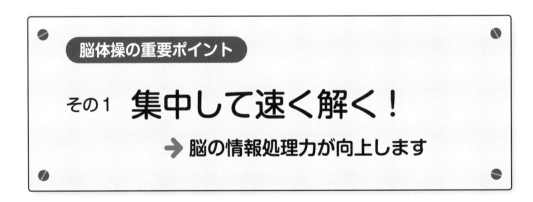

本書の「脳体操」は、集中して速く行うことで、より効果を発揮します。**短い時間で集中し、全力を出す**ことが脳の機能を向上させるために重要なのです。

　慣れてくると、「もっとたくさんの問題を解きたい」「たくさんやるほどいい」という気持ちになるかもしれませんが、とにかく短時間でスピーディーにやることが脳の働きをよくするコツです。

　そして、「脳体操」は**毎日続けることが重要**です。２〜３日に１回とか、たまにやる程度では、その効果は発揮されません。自分のやりやすい時間帯に１日１回、短時間で集中して「脳体操」を行うことを毎日の日課に取り入れ、習慣づけましょう。継続することが、脳の健康を守ることにつながります。

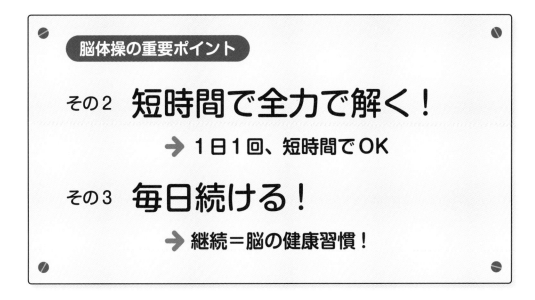

脳体操の重要ポイント

その2　**短時間で全力で解く！**
→ １日１回、短時間でOK

その3　**毎日続ける！**
→ 継続＝脳の健康習慣！

1 数字のキャンディー

● みほんと同じ数字が入ったものを記号で答えましょう。

記号

時間　分　秒

2 足し算迷路

●スタートからゴールへ進みましょう。ゴールへつながる道にある数字の合計を答えましょう。

時間　　分　　秒

正答数 ／4

3 いちばん多いものは何？

ケーキ　　ドーナツ　キャンディー

● この中でいちばん多いものは何でしょう。その数も答えましょう。

①

いちばん多いもの	合計数

②

いちばん多いもの	合計数

8

答え ▶ P.96

4　2つの数の計算

● 次の式を計算しましょう。

① $14 - 9 =$

② $7 + 4 =$

③ $16 - 4 =$

④ $9 + 6 =$

⑤ $2 + 8 =$

⑥ $16 \div 4 =$

⑦ $1 + 7 =$

⑧ $35 \div 5 =$

⑨ $24 + 8 =$

⑩ $14 \div 7 =$

⑪ $9 \times 3 =$

⑫ $6 \times 3 =$

⑬ $21 \div 3 =$

⑭ $12 \div 4 =$

⑮ $17 - 9 =$

⑯ $6 \times 8 =$

⑰ $7 - 2 =$

⑱ $10 - 1 =$

⑲ $6 + 6 =$

⑳ $28 \div 7 =$

㉑ $5 \times 9 =$

㉒ $8 + 8 =$

答え ▶ P.96

5 お金間違い探し

● 下の 誤 には５か所、上と異なる部分があります。それを探して〇で囲みましょう。

正

間違い　**５か所**

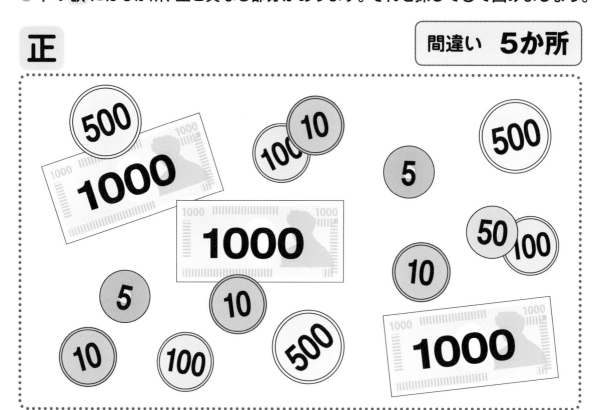

誤

答え ▶ P.97

6 いちばん大きい計算

● 答えがいちばん大きい計算を〇で囲み、その答えを書きましょう。

①

$72-57$	$50÷2$	$2×16$
$11+13$	$6×3$	$32-19$
$31-5$	$14+9$	$3×9$
$64÷4$	$16+14$	答え

②

$78÷3$	$27+5$	$14×2$
$58-24$	$7×5$	$60÷3$
$20+7$	$29-8$	$17+12$
$33-11$	$72÷4$	答え

トランプ足し算

● トランプのマークごとにすべてのカード番号を足しましょう。
　A＝1、J＝11、Q＝12、K＝13です。

① ♡の合計

◇の合計

♣の合計

♠の合計

② ♡の合計

◇の合計

♣の合計

♠の合計

答え▶ P.97

8 いちばん多い字は何？

● いちばん多い字と、その数を答えましょう。

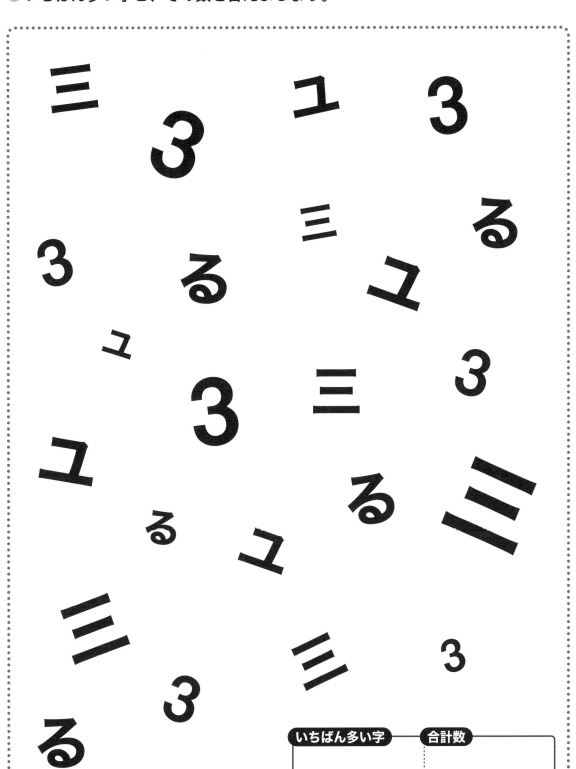

いちばん多い字	合計数

答え ▶ P.97

13

月　日

時間 　分　秒

●筆算で計算しましょう。

①
```
   71
+  25
```

②
```
   66
+  18
```

③
```
   83
+  59
```

④
```
   92
-  30
```

⑤
```
   68
-  48
```

⑥
```
   55
-  27
```

⑦
```
   19
×  42
```

⑧
```
   24
×  26
```

⑨
```
   47
×  63
```

14

答え ▶ P.98

10 同じ数字のペア

● 同じ数字のペアが3組あります。その数字を答えましょう。

7

34

91

13

97

24

7

4

61

55

49

82

43

9

18

13

26

46

24

11

11 お金足し算

● お金の合計額を答えましょう。

① 合計 円

② 合計 円

答え ▶ P.98

ごちゃまぜ計算

●計算をして、答えを数字で書きましょう。数字で書いて計算してもOKです。

① じゅうに ÷ 二　　　　　　＝ ☐

② にじゅういち ＋ 十二　　　＝ ☐

③ 十三 − 　　　　　＝ ☐

④ ナナ ＋ 五十五　　　　　　＝ ☐

⑤ 二十八 ÷ ナナ　　　　　　＝ ☐

⑥ キュウ ＋ にじゅうなな　　＝ ☐

⑦ ジュウゴ ＋ 二十六　　　　＝ ☐

⑧ 十八 ÷ キュウ ×　　　　　＝ ☐

⑨ 　 × に ÷ 三　　　　　　　＝ ☐

⑩ ジュウニ − 三 ＋ ご　　　　＝ ☐

⑪ ごじゅうよん − 　 × 七　　＝ ☐

答え ▶ P.98

13 漢数字で書こう

●次の数字を漢数字にしましょう。「365→三百六十五」のように位も書きましょう。

●2ケタ

① 11

② 82

③ 75

④ 98

⑤ 39

⑥ 46

●3ケタ

⑦ 253

⑧ 888

⑨ 319

⑩ 142

⑪ 705

⑫ 521

●4ケタ

⑬ 1237

⑭ 9024

⑮ 2450

⑯ 8963

数字絵間違い探し

●「ゾウ」の数字絵です。下の 誤 には上と違う数字が5か所あります。探して〇をつけましょう。最後に間違っている数字をすべて足しましょう。

間違い **5か所**

正
```
1 8 8 8 8                                    6 6 6 6 6 6 6 6 6
1 8 8 8 8 8                                6 6 6 6 6 6 6 6 6 6 6 6 6 6
1 8        8 8                              6 6                      6 6
1 8 8 8 8 8                        6 6
1 8 8 8 8                        6 6 6
1 1                            6 6 6                  3 3 3 3 3
  5 5 5 5 5 5                  6 6 6                3 3 3 3 3 3 3
5 5 5 5 5 5 5                6 6 6          0 0                    3 3
5 5        5 5              6 6        0 0 0 0                    3 3
5 5        5 5 5          6 6        0 0 0 0                    3 3
  5 6 6 6 5 5          6 6          0 0                        3 3
  6 6      6 6        6 6                                      3 3
  6 6      6 6      6 6                                        3 3
    6 6      6 6      6 6                                      3 3
      6 6      6 6 6 6          6 6 6              3 3 3 3 3 3
        6 6          6 6 6          3 3 3 3 3
          6 6          6 6 6      6 6 6
            6 6 6 6 6 6 6      6 6 6 6 6 6 6 6 6 6 6 6 6 6 6
                              6 6 6 6 6 6 6 6 6 6 6 6
```

誤
```
1 8 8 8 8                                    6 6 6 6 6 6 6 6 6
1 8 8 8 8 8                                6 6 6 6 6 6 6 6 6 6 6 6 6 6
1 1        8 8                              6 6                      6 6
1 8 8 8 8 8                        6 6
1 8 8 8 8                        6 6 6
1 1                            6 5 6                  3 3 3 3 3
  5 5 5 5 5 5                  6 6 6                3 3 3 3 3 3 3
5 5 5 5 5 5 5                6 6 6          0 0                    3 3
5 5        5 5              6 6        0 0 0 0                    3 3
5 5        5 5 5          6 6        0 0 0 0                    8 3
  5 6 6 6 5 5          6 6          0 0                        3 3
  6 6      6 6        6 6                                      3 3
  6 6      6 6      6 6                                        3 3
    6 6      6 6      6 6                                      3 3
      6 6      6 6 6 6          6 6 9              3 3 3 3 3 3
        6 6          6 6 6          3 3 2 3 3
          6 6          6 6 6      6 6 6
            6 6 6 6 6 6 6      6 6 6 6 6 6 6 6 6 6 6 6 6 6 6
                              6 6 6 6 6 6 6 6 6 6 6 6
```

間違っている数字

□ ＋ □ ＋ □ ＋ □ ＝ □

15 足して100のペア探し

● 2つの数を足して100になるペアを、2組ずつ答えましょう。

①

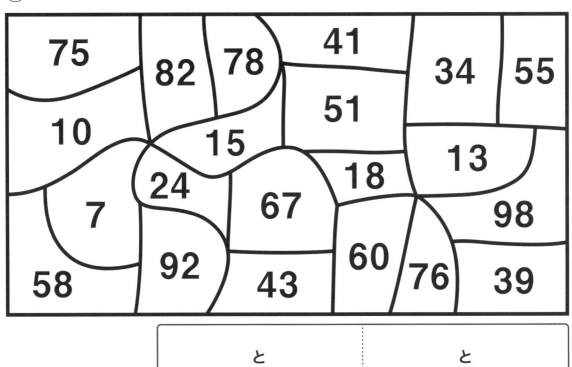

と		と

②

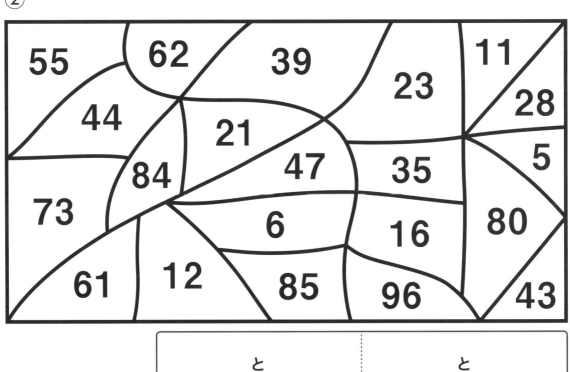

と		と

答え ▶ P.99

時間　分　秒　正答数 /19

16 漢数字の慣用句・ことわざ

●リストにある漢数字を入れて、慣用句やことわざを完成させましょう。漢数字は１回ずつすべて使います。

① 瓜[　]つ

② 石の上にも[　]年

③ 鶴の[　]声

④ [　]歩[　]歩

⑤ なくて[　]癖

⑥ [　]の句が継げない

⑦ 嘘[　]

⑧ 難去ってまた[　]難

⑨ [　]事休す

⑩ 天は[　]物を与えず

⑪ [　]寸の虫にも[　]分の魂

⑫ 人の噂も[　]日

リスト

一　一　一　一　二　二　二

三　五　五　五　七　七　八

十　十　百　百　万

答え▶ P.100

17 計算ぬり絵

● 計算の答えが下のようになるマスをぬり、最後に現れるカタカナを答えましょう。

現れる文字

① 答えが7になるマスをぬりましょう。

3+1	4×2	4+2	10−7	15÷3	1×1	8+2
5−4	5+1	4−1	5×6	3×2	9−2	6+3
2+8	10−3	1+6	13−5	28÷4	3+4	11−4
1+2	9−1	7×1	8×3	9+8	42÷6	3+2
18÷6	3×4	12−5	8+1	35÷5	7÷1	2+5
4−2	8−3	14÷2	12−9	2+3	13−6	9+1
14−7	63÷9	8−1	5+2	2×6	1×7	11−5
5+5	24÷2	7+3	8×2	9×7	7−2	9÷3

現れる文字

② 答えが1か9になるマスをぬりましょう。

6÷3	1×1	5+2	7−1	8+8	2+2	1+4
5×2	1+8	10−4	4×4	45÷5	27÷9	6+1
10−1	18÷2	3−2	3+8	3×7	3+6	6×3
3×3	1+5	15−6	5−3	27÷3	11−3	9−8
8×5	10+1	5−4	9×5	20÷4	1÷1	1×8
5+9	12÷6	7−6	6−2	5+4	7+1	6−5
3×9	81÷9	7−4	8÷2	9−5	18−9	2×2
13−4	3−1	4+7	12−5	7×1	4÷1	7+2

正しいマスがぬれていれば正解です。

答え ▶ P.100

22

18 ひらがな計算

●計算をして、答えを数字で書きましょう。文字を数字で書いて計算してもOK です。

① じゅうろくたすご　　　　　　　　　＝

② さんじゅうひくじゅうに　　　　　　＝

③ ななかけるよん　　　　　　　　　　＝

④ きゅうかけるはち　　　　　　　　　＝

⑤ じゅうはちひくきゅう　　　　　　　＝

⑥ よんじゅうにわるに　　　　　　　　＝

⑦ ごじゅうろくわるはち　　　　　　　＝

⑧ よんかけるさんたすさん　　　　　　＝

⑨ にじゅうごわるごたすろく　　　　　＝

⑩ はちじゅうにひくななじゅうろく　　＝

⑪ じゅうさんたすにひくさん　　　　　＝

答え ▶ P.100

計算符号パズル

●式が成り立つように、＋－×÷の記号を書きましょう。

① 32 □ 4 = 8

② 21 □ 3 = 18

③ 19 □ 8 = 27

④ 12 □ 2 = 10

⑤ 4 □ 3 = 12

⑥ 63 □ 9 = 7

⑦ 6 □ 8 = 14

⑧ 14 □ 3 = 11

⑨ 9 □ 3 = 27

⑩ 30 □ 6 = 5

⑪ 4 □ 4 = 16

⑫ 12 □ 5 = 17

⑬ 1 □ 3 = 4

⑭ 18 □ 5 = 13

⑮ 6 □ 4 = 10

⑯ 10 □ 1 = 9

⑰ 15 □ 5 = 20

⑱ 18 □ 2 = 9

⑲ 15 □ 3 = 5

⑳ 8 □ 6 = 48

㉑ 9 □ 9 = 18

㉒ 7 □ 6 = 13

20 漢数字の四字熟語

●リストにある漢数字を入れて、四字熟語を完成させましょう。漢数字は1回ずつすべて使います。

①  □人□色

② □載□遇

③  □念発起

④ □里霧中

⑤  □□時中

⑥ 岡目□目

⑦ 笑止□□

⑧ 危機□髪

⑨  □発□中

⑩ □面楚歌

⑪  舌先□寸

⑫ □網打尽

⑬ □騎当□

⑭ 森羅□象

リスト

一　一　一　一　一　三　四

四　五　六　八　十　十　百

百　千　千　千　万　万

答え ▶ P.101

21 足し算迷路

●スタートからゴールへ進みましょう。ゴールへつながる道にある数字の合計を答えましょう。

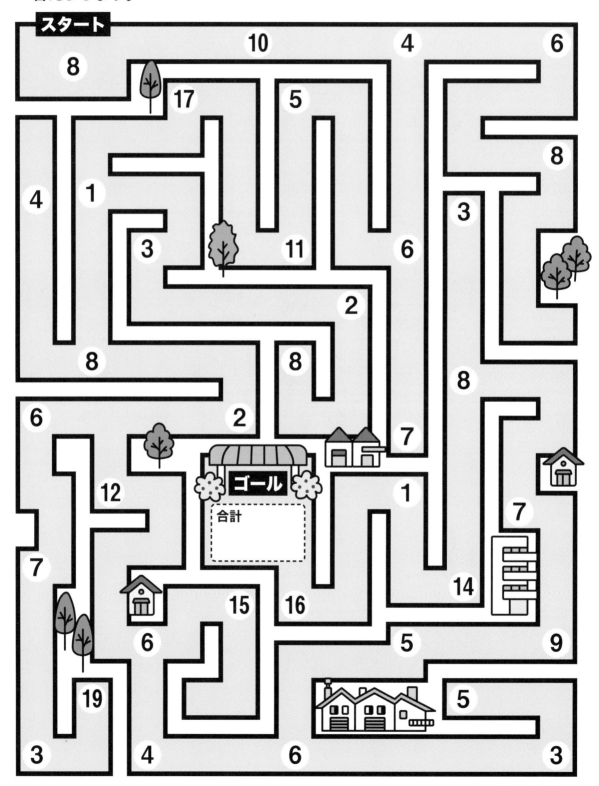

答え ▶ P.101

時間 ｜分｜秒

正答数 ／4

22 いちばん多いものは何？

リンゴ　バナナ　ブドウ

● この中でいちばん多いものは何でしょう。
その数も答えましょう。

①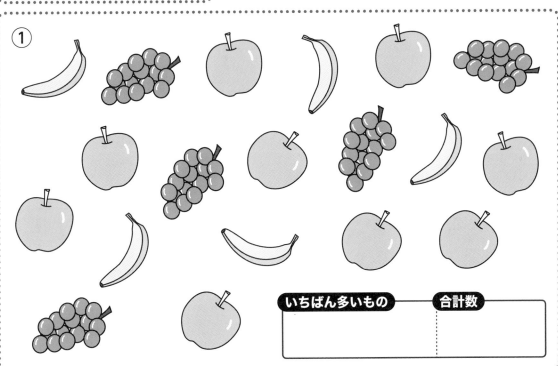

いちばん多いもの	合計数

②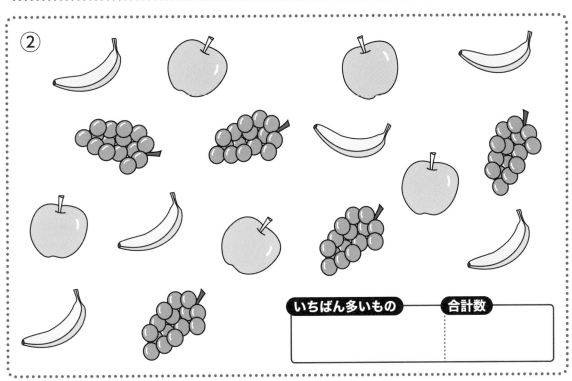

いちばん多いもの	合計数

答え ▶ P.101

23 足して100のペア探し

● 2つの数を足して100になるペアを、2組ずつ答えましょう。

①
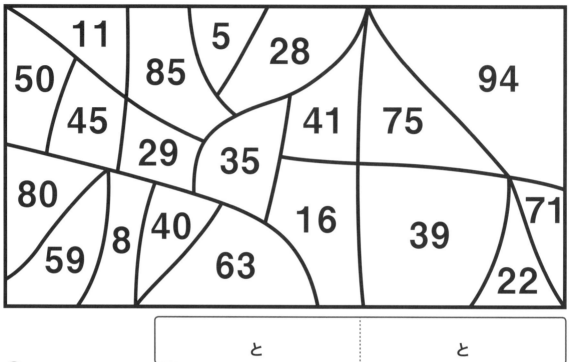

	と		と	

②
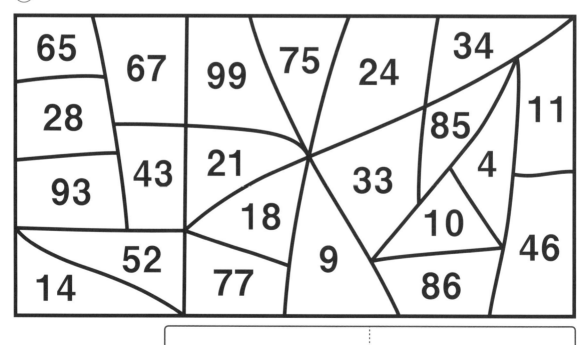

	と		と	

24 ひらがな計算

時間　　分　　秒　正答数　/11

● 計算をして、答えを数字で書きましょう。文字を数字で書いて計算してもOK です。

① よんかけるじゅうに　　　　　=

② じゅうごひくじゅう　　　　　=

③ にじゅういちわるさん　　　　=

④ ごじゅうよんひくじゅうはち　=

⑤ さんじゅうごわるなな　　　　=

⑥ よんじゅうにたすろく　　　　=

⑦ にじゅうたすじゅうに　　　　=

⑧ ろくじゅうよんわるはち　　　=

⑨ ろくわるにたすじゅうはち　　=

⑩ ななじゅうにひくごじゅうさん　=

⑪ よんかけるきゅうわるろく　　=

答え ▶ P.102

29

筆　算

●筆算で計算しましょう。

①
```
  27
+ 61
```

②
```
  12
+ 94
```

③
```
  78
+ 45
```

④
```
  77
- 52
```

⑤
```
  81
- 69
```

⑥
```
  63
- 16
```

⑦
```
  51
× 28
```

⑧
```
  62
× 37
```

⑨
```
  36
× 79
```

26 いちばん小さい計算

●答えがいちばん小さい計算を○で囲み、その答えを書きましょう。

①

7+6	5×3	11+5
52−39	25−10	81÷9
22−16	2×5	72÷6
1×7	3+8	**答え**

②

10×3	90÷2	18+19
61−27	2×18	98−59
8×4	62÷2	15+14
71−38	17+11	**答え**

答え ▶ P.102

27 数字のキャンディー

●みほんと同じ数字が入ったものを記号で答えましょう。

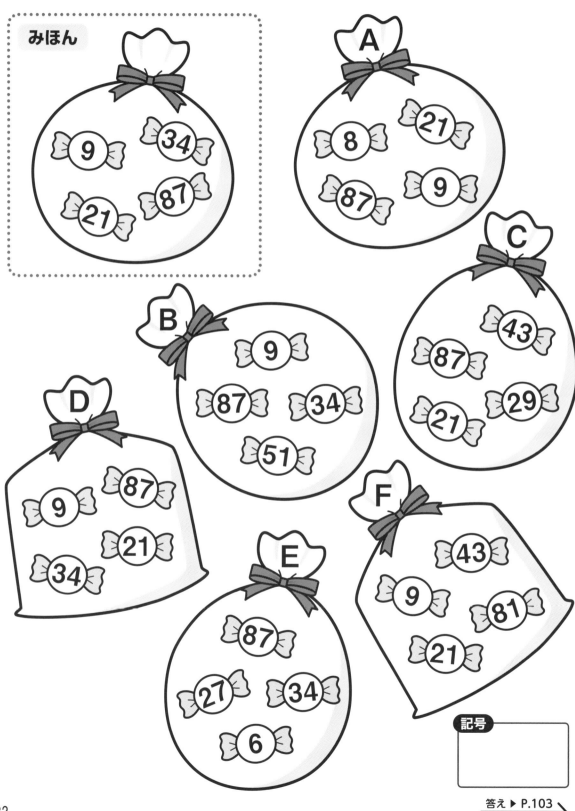

記号

答え ▶ P.103

28 お金足し算

●お金の合計額を答えましょう。

①

10　10　5　50　5　10　1

50　500　50

50　5　1000

500　100　10

合計　　　　円

②

50　1000　1000

500　10　1

10　50　100　50

1000　1　50

合計　　　　円

答え ▶ P.103

漢数字で書こう

●次の数字を漢数字にしましょう。「365→三百六十五」のように位も書きましょう。

●2ケタ

① 27

② 66

③ 95

④ 79

⑤ 41

⑥ 30

●3ケタ

⑦ 110

⑧ 748

⑨ 283

⑩ 392

⑪ 574

⑫ 629

●4ケタ

⑬ 3333

⑭ 6951

⑮ 4402

⑯ 5815

30 数字絵間違い探し

●「ヨット」の数字絵です。下の 誤 には上と違う数字が5か所あります。探して○をつけましょう。最後に間違っている数字をすべて足しましょう。

間違い
5か所

正

```
                                    8
              7         7           88
          777     777           4 8 8 4                    7          7
          7   7   7   7           4 4 8 8   4            777   779
                  7               4 4   8 8   4 4          7   7   7
                              4 4 4     8 8   4 4 4            7
       7         7            4 4 4 4   8 8   4 4 4 4
      777     777             4 4 4 4 4   8 8   4 4 4 4 4
      7   7   7   7           4 4 4 4 4   8 8   4 4 4 4 4
           7               4 4 4 4 4 4 4   8 8   4 4 4 4 4 4
                           4 4 4 4 4 4 4   8 8   4 4 4 4 4 4
                         4 4 4 4 4 4 4 4   8 8   4 4 4 4 4 4 4
                         4 4 4 4 4 4 4 4   8 8   4 4 4 4 4 4 4 4
                       4 4 4 4 4 4 4 4 4   8 8 4 4 4 4 4 4 4 4
                     4 4 4 4 4 4 4 4 4 4   8 8 4                  2
                                         2 2 2               2 2 2
        2 2 2 2 2 2 2 2 2 2 2 2 2 2 2 2 2 2 2 2 2 2 2 2 2 2 2 2 2
          2 2 2 2   2   2   2   2   2   2   2   2   2 2
          2 2 2 2 2 2 2 2 2 2 2 2 2 2 2 2 2 2 2 2 2 2 2
```

誤

```
                                    8
              7         7           88
          777     777           4 8 8 4                    7          7
          7   7   7   7           4 4 8 8   4            777   779
                  7               4 4   8 8   4 4          7   7   7
                              4 4 4     8 8   4 4 4            7
       7         7            4 4 4 4   5 8   4 4 4 4
      777     777             4 4 4 4 4   8 8   4 4 4 4 4
      1   7   7   7           4 4 4 4 4   8 8   4 4 4 4 4
           7               4 4 4 4 4 4 4   8 8   4 4 4 4 3
                           4 4 4 4 4 4 4   8 8   4 4 4 4 4 4
                         4 4 4 4 4 4 4 4   8 8   4 4 4 4 4 4 4
                         4 4 4 4 4 4 4 4   8 8   4 4 4 4 4 4 4 4
                       4 4 4 4 4 4 4 4 4   8 8 4 4 4 4 4 4 4 4
                     4 4 4 4 4 4 4 4 4 4   8 8 4                  2
                                         2 2 2               2 2 2
        2 2 2 2 2 2 2 2 2 2 2 2 2 2 2 2 2 2 2 2 2 2 2 2 3 2 2 2 2
          2 2 2 2   2   2   2   2   2   2   2   2   2 2
          2 2 2 2 2 2 2 2 2 2 2 2 2 2 2 2 2 2 2 2 2 2 2
```

間違っている数字

＿＿＿＿ ＋ ＿＿＿＿ ＋ ＿＿＿＿ ＋ ＿＿＿＿ ＝ ＿＿＿＿

答え ▶ P.103

31 足し算迷路

● スタートからゴールへ進みましょう。ゴールへつながる道にある数字の合計を答えましょう。

32 計算符号パズル

●式が成り立つように、＋－×÷の記号を書きましょう。

① 6 ☐ 9 = 54

② 12 ☐ 6 = 2

③ 3 ☐ 3 = 9

④ 12 ☐ 6 = 18

⑤ 24 ☐ 9 = 15

⑥ 8 ☐ 2 = 16

⑦ 3 ☐ 3 = 6

⑧ 27 ☐ 8 = 19

⑨ 5 ☐ 5 = 1

⑩ 7 ☐ 2 = 9

⑪ 9 ☐ 5 = 4

⑫ 8 ☐ 3 = 11

⑬ 2 ☐ 5 = 10

⑭ 9 ☐ 1 = 8

⑮ 10 ☐ 5 = 15

⑯ 1 ☐ 2 = 3

⑰ 10 ☐ 7 = 3

⑱ 9 ☐ 9 = 81

⑲ 14 ☐ 7 = 2

⑳ 6 ☐ 2 = 8

㉑ 16 ☐ 9 = 7

㉒ 36 ☐ 6 = 6

答え▶ P.104

33 いちばん多いものは何？

いぬ　にわとり　いのしし

● この中でいちばん多いものは何でしょう。
　その数も答えましょう。

①

いちばん多いもの	合計数

②

いちばん多いもの	合計数

答え ▶ P.104

時間　　分　秒

正答数　　/5

34 お金間違い探し

● 下の 誤 には5か所、上と異なる部分があります。それを探して○で囲みましょう。

正

間違い　5か所

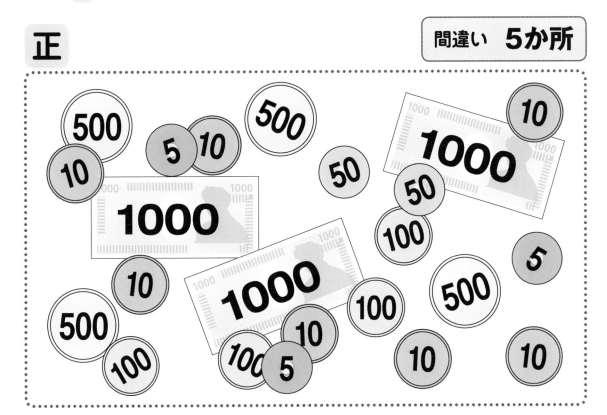

誤

35 計算ぬり絵

正答数
/40

▲①②のぬるマスの合計

● 計算の答えが下のようになるマスをぬり、最後に現れるカタカナを答えましょう。

① 答えが2になるマスをぬりましょう。

現れる文字

3×8	8−4	2+1	9÷3	5÷1	4×2	6−3
3−2	16÷4	10−6	5×5	10−8	14÷7	8−6
1×1	6−4	10÷5	7−3	2+3	4+6	9×7
15÷5	6+6	5−1	9+7	1+1	5−3	2÷1
8+3	7×5	8÷2	2×3	9−5	4÷4	18÷9
3−1	4−2	1×2	8÷4	1÷1	3×4	9−7
18÷6	2−1	3+1	12÷3	5+3	6÷3	1+4
3+6	4×5	4−3	11−8	2×1	6×3	6÷2

② 答えが6か4になるマスをぬりましょう。

現れる文字

32÷4	3+8	3×3	8−3	2×5	10÷5	6−2
3+3	2×3	24÷4	18÷6	13−6	8−4	2+2
5×1	10−4	21÷3	15−7	2×2	12−6	1+2
3+2	12÷3	5+8	8×2	7+4	18÷3	7−4
5+1	4×1	12÷2	7÷7	5−1	2×2	1+3
9−2	2+4	18÷2	5−3	6×7	9−3	27÷9
9×2	8÷2	10−5	6+4	4÷2	16÷4	1×3
2+8	7−3	30÷5	4×2	1×6	9+2	9−8

正しいマスがぬれていれば正解です。

答え ▶ P.105

36 漢数字の慣用句・ことわざ

●リストにある漢数字を入れて、慣用句やことわざを完成させましょう。漢数字
は1回ずつすべて使います。

① ☐ 矢を報いる

② ☐ 年の計は元旦にあり

③ ☐ 度目の正直

④ ☐ 足のわらじを履く

⑤ ☐ の足を踏む

⑥ 聞は ☐ 見にしかず

⑦ ☐ 方塞がり

⑧ 桃栗 ☐ 年柿 ☐ 年

⑨ ☐ 顧の礼

⑩ 早起きは ☐ 文の得

⑪ ☐ 富士 ☐ 鷹 ☐ 茄子

⑫ 鶴は ☐ 年、亀は ☐ 年

リスト

一　一　一　一　二　二　二

三　三　三　三　三　八　八

百　千　万

同じ数字のペア

●同じ数字のペアが3組あります。その数字を答えましょう。

95

42

26

9

28

73

3

65

41

10

38

1

54

62

3

54

63

21

37

26

8

答え ▶ P.106

38 ごちゃまぜ計算

● 計算をして、答えを数字で書きましょう。数字で書いて計算してもOKです。

① きゅう − （サイコロ5） =

② 八 ＋ じゅうさん =

③ （サイコロ2） ＋ 四十四 =

④ じゅうに − （サイコロ3） =

⑤ 三十一 ＋ にじゅうに =

⑥ 六十四 ÷ はち =

⑦ ヨンジュウゴ ÷ （サイコロ5） =

⑧ ハチ × 十一 =

⑨ 二十二 − ヨン × ご =

⑩ ご × 六 ÷ さんじゅう =

⑪ 二十九 ＋ サン × に =

答え ▶ P.106

43

答えが同じ計算

● 答えが同じ計算が２つあります。○で囲み、その答えを書きましょう。

①

67−21	72÷3	15+15

6×6	32+13	35−14

19+23	48−11	80÷5

5×4	75−39	答え

②

23−5	7×3	40÷4

51−32	5×5	9+8

35÷5	11+7	8×3

41−26	27÷9	答え

月　　日

2つの数の計算

● 次の式を計算しましょう。

① $20 \div 5 =$

② $8 \times 2 =$

③ $3 \times 4 =$

④ $5 + 10 =$

⑤ $18 - 7 =$

⑥ $6 + 8 =$

⑦ $4 \times 1 =$

⑧ $22 - 9 =$

⑨ $15 \div 3 =$

⑩ $8 + 12 =$

⑪ $11 - 2 =$

⑫ $1 + 5 =$

⑬ $10 - 7 =$

⑭ $18 - 4 =$

⑮ $45 \div 9 =$

⑯ $11 \times 4 =$

⑰ $4 + 5 =$

⑱ $3 \times 3 =$

⑲ $24 \div 6 =$

⑳ $5 \times 2 =$

㉑ $7 \times 9 =$

㉒ $19 - 8 =$

答え ▶ P.107

月　　日

時間　　分　　秒

トランプ足し算

● トランプのマークごとにすべてのカード番号を足しましょう。
A＝1、J＝11、Q＝12、K＝13です。

♡の合計

◇の合計

♣の合計

♠の合計

答え ▶ P.107

42　いちばん多い字は何？

●いちばん多い字と、その数を答えましょう。

いちばん多い字	合計数

答え▶P.107

43 足し算迷路

● スタートからゴールへ進みましょう。ゴールへつながる道にある数字の合計を答えましょう。

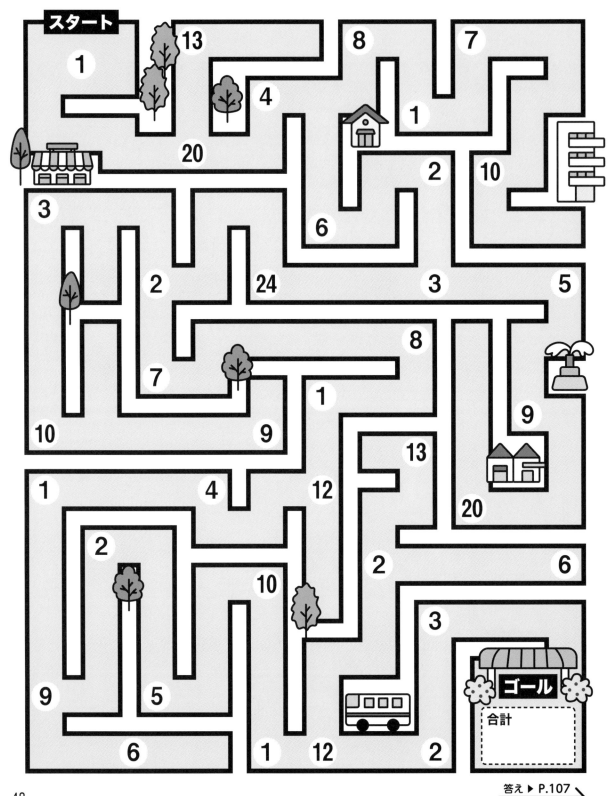

合計

数字のキャンディー

● みほんと同じ数字が入ったものを記号で答えましょう。

みほん 75 13 46 28

A 76 13 28 75

B 46 13 28 79

C 46 15 75 68

D 13 28 49 75

E 28 75 13 46

F 13 36 28 75

記号

答え ▶ P.108

45 計算ぬり絵

●計算の答えが下のようになるマスをぬり、最後に現れるアルファベットを答えましょう。

現れる文字

① 答えが9になるマスをぬりましょう。

27÷3	1×9	72÷8	10−3	12−3	2+7	7+6
10−1	6+2	3+6	4×5	5+4	3÷3	54÷6
7+2	2×4	12−6	16÷2	1+8	7×2	36÷4
8+1	15−8	6×2	1+5	63÷7	17−9	11−2
13−4	56÷7	3+7	5−4	45÷5	18÷9	3×3
4+5	5×3	18÷2	12÷4	16−7	9+1	15−6
14−5	9÷1	18−9	11−3	9×1	6+3	48÷6
1×8	2+9	64÷8	8×4	8+8	9−2	9×3

現れる文字

② 答えが8か3になるマスをぬりましょう。

54÷9	3×8	8÷2	14−5	7+2	14÷7	10−8
1+7	16÷2	2×4	2×3	1×3	3+5	4+4
9−1	9+4	27÷9	8−4	14−6	4×6	8+7
2+1	6×4	11−6	72÷8	21÷7	1+8	3×3
5−2	6÷2	8×1	4+3	6+2	10−7	9÷3
1×5	24÷6	64÷8	5×2	1×8	42÷6	9−2
12÷4	6+8	3×1	15−4	15−7	7−5	5+5
2+6	4×2	11−8	6÷1	24÷3	8×2	12÷3

正しいマスがぬれていれば正解です。

答え▶ P.108

46 お金間違い探し

● 下の 誤 には5か所、上と異なる部分があります。それを探して〇で囲みましょう。

正

間違い　**5か所**

誤

47 計算符号パズル

● 式が成り立つように、＋－×÷の記号を書きましょう。

① 13 □ 6 = 7

② 17 □ 3 = 20

③ 16 □ 8 = 8

④ 9 □ 2 = 18

⑤ 2 □ 3 = 5

⑥ 18 □ 7 = 11

⑦ 28 □ 2 = 14

⑧ 4 □ 5 = 20

⑨ 17 □ 8 = 25

⑩ 6 □ 3 = 3

⑪ 5 □ 3 = 15

⑫ 24 □ 4 = 6

⑬ 7 □ 7 = 49

⑭ 10 □ 5 = 5

⑮ 8 □ 2 = 10

⑯ 16 □ 4 = 4

⑰ 3 □ 6 = 18

⑱ 12 □ 8 = 4

⑲ 1 □ 7 = 7

⑳ 30 □ 2 = 15

㉑ 35 □ 5 = 7

㉒ 19 □ 9 = 28

48 足して100のペア探し

● 2つの数を足して100になるペアを、2組ずつ答えましょう。

①

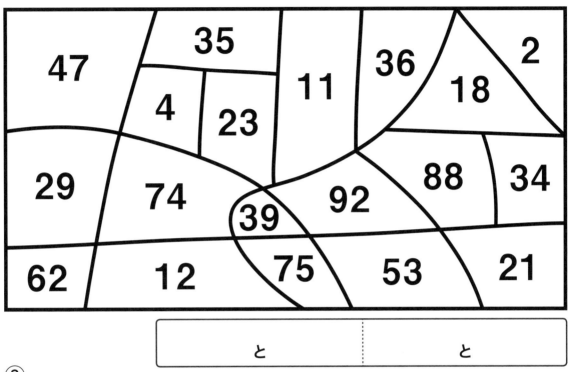

| と | | と |

②

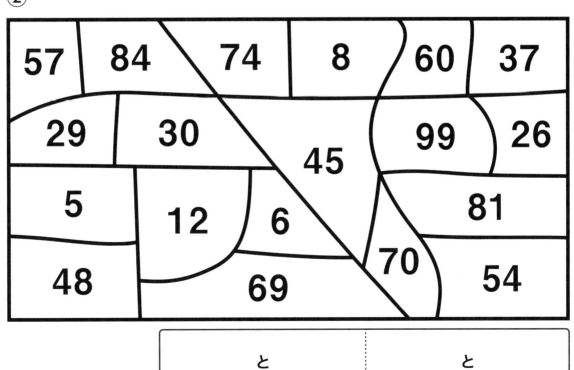

| と | | と |

答え ▶ P.109

49 漢数字で書こう

●次の数字を漢数字にしましょう。「365→三百六十五」のように位も書きましょう。

●2ケタ

① 56

② 71

③ 14

④ 68

⑤ 97

⑥ 85

●3ケタ

⑦ 107

⑧ 532

⑨ 326

⑩ 659

⑪ 983

⑫ 712

●4ケタ

⑬ 5140

⑭ 7664

⑮ 1828

⑯ 3291

50 同じ数字のペア

●同じ数字のペアが3組あります。その数字を答えましょう。

月　日

時間　　分　秒

● お金の合計額を答えましょう。

①

合計 ［　　　　　　］円

②

合計 ［　　　　　　］円

56

答え ▶ P.109

52 ごちゃまぜ計算

●計算をして、答えを数字で書きましょう。数字で書いて計算してもOKです。

① 七 × ろく ＝ ☐

② 二十一 ＋ キュウ ＝ ☐

③ ハチ × 七 ＝ ☐

④ サンジュウキュウ ＋ 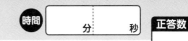 ＝ ☐

⑤ 六十四 － さんじゅうご ＝ ☐

⑥ にじゅうはち ÷ ジュウヨン ＝ ☐

⑦ 三十五 ＋ にじゅうなな ＝ ☐

⑧ ろくじゅう ＋ 二十一 － ☐ ＝ ☐

⑨ 三十六 ÷ よん × ☐ ＝ ☐

⑩ 五十 ＋ じゅうはち ＋ ロク ＝ ☐

⑪ サン × ☐ × きゅう ＝ ☐

答え▶P.109

月　　日

時間　　分　　秒

筆　算

●筆算で計算しましょう。

①
$$43 + 36$$

②
$$51 + 88$$

③
$$95 + 37$$

④
$$89 - 15$$

⑤
$$91 - 62$$

⑥
$$73 - 49$$

⑦
$$31 \times 52$$

⑧
$$48 \times 65$$

⑨
$$54 \times 82$$

答え ▶ P.110

いちばん多いものは何？

トラック　バイク　乗用車

● この中でいちばん多いものは何でしょう。
その数も答えましょう。

いちばん多いもの	合計数

答え ▶ P.110

月　日

時間　分　秒

●答えがいちばん大きい計算を〇で囲み、その答えを書きましょう。

①

60−13	16＋17	7×6
80−41	70÷2	16＋22
20＋20	24×2	77−28
12×3	86÷2	**答え**

②

1＋13	2×9	43−24
45÷5	16＋7	2×10
40−28	56÷7	4×4
5＋16	93−71	**答え**

答え ▶ P.110

時間　　分　秒

正答数　／7

56 数字絵間違い探し

●「タコ」の数字絵です。下の 誤 には上と違う数字が6か所あ
　ります。探して〇をつけましょう。最後に間違っている数字
　をすべて足しましょう。

間違い
6か所

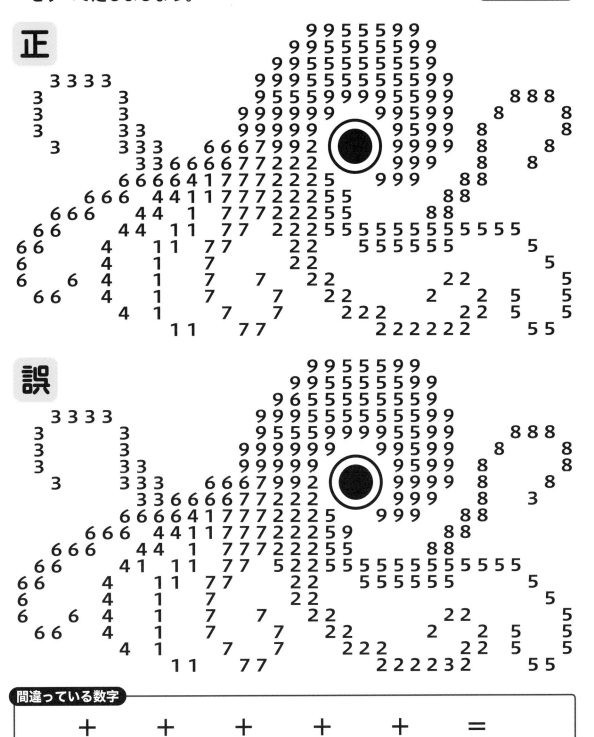

正

誤

間違っている数字

＋　　＋　　＋　　＋　　＋　　＝

答え ▶ P.111

57 漢数字の四字熟語

月　日　時間　分　秒　正答数 /19

● リストにある漢数字を入れて、四字熟語を完成させましょう。漢数字は1回ずつすべて使います。

① □日坊主（かぼうず）

② □鬼夜行（きやこう）

③ □蓮托生（れんたくしょう）

④ □苦□苦（くく）

⑤ □臓□腑（ぞうぷ）

⑥ □差□別（さべつ）

⑦ □刀両断（とうりょうだん）

⑧ □件落着（けんらくちゃく）

⑨ 朝□暮□（ちょうぼ）

⑩ 海□山□（うみやま）

⑪ 波乱□丈（はらんじょう）

⑫ □方美人（ぽうびじん）

⑬ □花繚乱（かりょうらん）

⑭ □心不乱（しんふらん）

リスト

一　一　一　一　三　三　四
四　五　六　八　八　百　百
千　千　千　万　万

62　答え ▶ P.111

時間　分　秒

正答数　／4

58 足して100のペア探し

● 2つの数を足して100になるペアを、2組ずつ答えましょう。

①

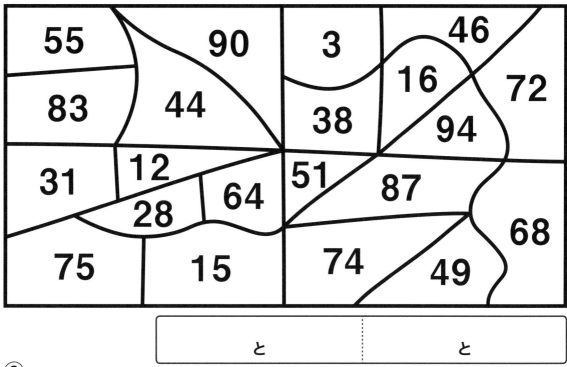

| と | | と |

②

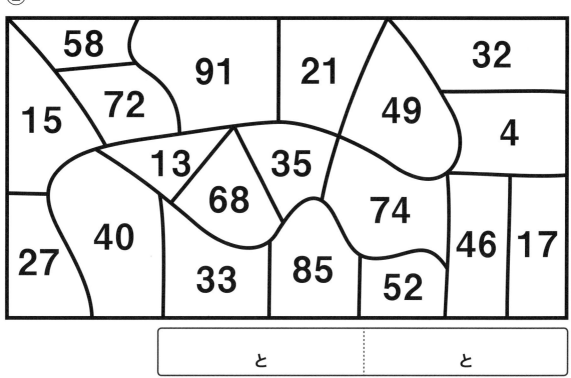

| と | | と |

答え ▶ P.111

59 数字のキャンディー

●みほんと同じ数字が入ったものを記号で答えましょう。

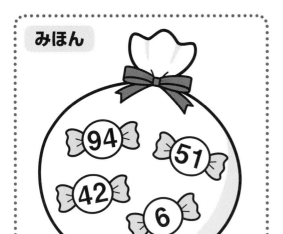

みほん

記号

答え ▶ P.111

60 計算符号パズル

月　　　日

 時間　　分　　秒

正答数 /22

● 式が成り立つように、＋－×÷の記号を書きましょう。

① 3 □ 1 = 4

② 15 □ 4 = 11

③ 5 □ 6 = 30

④ 11 □ 2 = 22

⑤ 18 □ 3 = 6

⑥ 3 □ 4 = 7

⑦ 4 □ 4 = 1

⑧ 12 □ 7 = 19

⑨ 7 □ 3 = 21

⑩ 6 □ 2 = 12

⑪ 10 □ 2 = 8

⑫ 4 □ 9 = 36

⑬ 5 □ 3 = 2

⑭ 6 □ 7 = 42

⑮ 9 □ 8 = 72

⑯ 1 □ 1 = 2

⑰ 9 □ 8 = 1

⑱ 6 □ 3 = 9

⑲ 21 □ 7 = 28

⑳ 50 □ 2 = 25

㉑ 8 □ 5 = 40

㉒ 6 □ 3 = 2

答え ▶ P.112

月　日

時間　分　秒

正答数 ／2

いちばん多い字は何？

●いちばん多い字と、その数を答えましょう。

いちばん多い字　合計数

答え ▶ P.112

62 計算ぬり絵

●計算の答えが下のようになるマスをぬり、最後に現れる数字を答えましょう。

現れる文字

① 答えが12になるマスをぬりましょう。

16÷4	2×8	4+9	56÷7	2+4	18−7	11÷1
3×4	16−4	9+3	6+8	12×1	7+5	6×2
9+1	24÷3	13−1	8×6	1+11	6×4	36÷3
7×5	8+5	10+2	15−8	15−3	45÷5	20−8
4+8	2×6	12÷1	10+4	19−7	6+6	1×12
7−5	4×8	8+4	8÷4	4−3	12÷2	24÷2
9÷3	14−6	14−2	11−1	3×5	7+3	17−5
11+1	5+7	4×3	5+6	17−2	9×3	3+9

現れる文字

② 答えが7か10になるマスをぬりましょう。

2×5	13−5	3+7	6−1	2+8	9+1	12−5
11−1	1+8	10−3	10÷5	5×2	9×7	2+5
9−2	8×1	21÷3	9+7	12−2	2+9	10÷1
1+6	3+4	5+5	28÷4	4×3	18÷9	4+6
9−6	63÷7	1×10	7−3	6÷2	7+7	15−5
3×7	10−2	7+3	10×2	4+5	6×5	14÷2
32÷8	8+3	7×1	28÷7	24÷3	10−4	1+9
2+6	5×3	17−8	3+8	14−5	16÷2	2×4

正しいマスがぬれていれば正解です。

答え ▶ P.112

63 お金間違い探し

● 下の 誤 には6か所、上と異なる部分があります。それを探して○で囲みましょう。

正

間違い　**6か所**

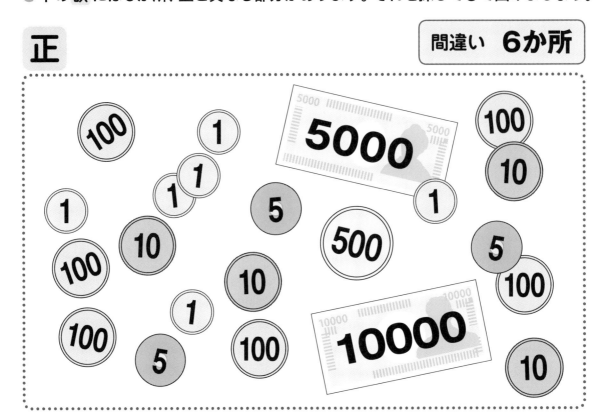

誤

答え ▶ P.112

64 トランプ足し算

●トランプのマークごとにすべてのカード番号を足しましょう。

A＝1、J＝11、Q＝12、K＝13です。

♡の合計

◇の合計

♣の合計

♠の合計

答え ▶ P.113

69

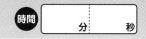
65 ひらがな計算

●計算をして、答えを数字で書きましょう。文字を数字で書いて計算してもOK です。

① じゅうきゅうひくきゅう　　　=

② きゅうたすじゅうご　　　=

③ ろくかけるきゅう　　　=

④ じゅういちかけるさん　　　=

⑤ ろくじゅうごひくじゅうなな　　　=

⑥ じゅうさんたすごじゅう　　　=

⑦ よんじゅうごわるきゅう　　　=

⑧ じゅうたすじゅうひくはち　　　=

⑨ にじゅうよんわるろくたすご　　　=

⑩ ななじゅうにわるにじゅうよん　　　=

⑪ はちじゅうわるはちかけるなな　　　=

答え ▶ P.113

足し算迷路

●スタートからゴールへ進みましょう。ゴールへつながる道にある数字の合計を答えましょう。

月　　日

いちばん多いものは何？

トラック　バイク　乗用車　バス

この中でいちばん多いものは何でしょう。その数も答えましょう。

①

いちばん多いもの　　合計数

②

いちばん多いもの　　合計数

答え ▶ P.113

時間　　分　　秒

68 数字絵間違い探し

●「ハチ」の数字絵です。下の 誤 には上と違う数字が6か所あります。探して〇をつけましょう。最後に間違っている数字をすべて足しましょう。

間違い
6か所

正

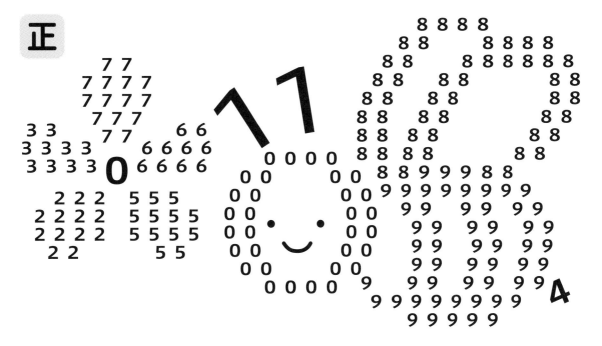

誤

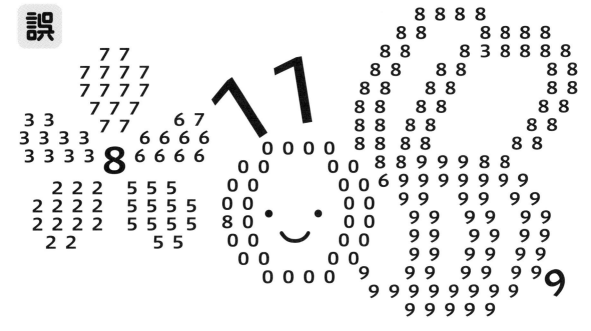

間違っている数字

＋　　　＋　　　＋　　　＋　　　＋　　　＝

答え▶ P.114

月　日

いちばん小さい計算

● 答えがいちばん小さい計算を○で囲み、その答えを書きましょう。

①

$54 \div 6$	$5+7$	$35-24$
$9+1$	3×5	$8+6$
2×4	$31-14$	$35 \div 7$
$15-3$	$75-58$	答え

②

9×1	$2+5$	$30-22$
$70 \div 5$	$14-2$	$6+4$
$42 \div 7$	$56-42$	2×8
$21-10$	$8+7$	答え

答え ▶ P.114

月　　日

時間　分　秒

● 筆算で計算しましょう。

①
```
    31
+   22
─────────
```

②
```
    67
+   73
─────────
```

③
```
    46
+   57
─────────
```

④
```
    33
-   14
─────────
```

⑤
```
    64
-   29
─────────
```

⑥
```
    85
-   76
─────────
```

⑦
```
    13
×   84
─────────
```

⑧
```
    78
×   32
─────────
```

⑨
```
    94
×   23
─────────
```

答え ▶ P.115

75

71 数字のキャンデイー

●みほんと同じ数字が入ったものを記号で答えましょう。

答え ▶ P.115

お金足し算

● お金の合計額を答えましょう。

① 合計　　円

② 合計　　円

73 いちばん多い字は何？

時間　　分　　秒
正答数　／2

●いちばん多い字と、その数を答えましょう。

な

ふ

ホ

ら

5

ホ

5

ふ

5

な

ふ

な

ホ

な

ホ

ホ

5

な

5

ふ

ホ

ふ

ら

な

ふ

ら

ホ

ふ

いちばん多い字	合計数

答え ▶ P.115

74 同じ数字のペア

● 同じ数字のペアが3組あります。その数字を答えましょう。

36

19

5

94

49

7

12

33

5

86

71

23

3

65

57

67

98

12

34

23

2

月　日

足して100のペア探し

● 2つの数を足して100になるペアを、2組ずつ答えましょう。

①

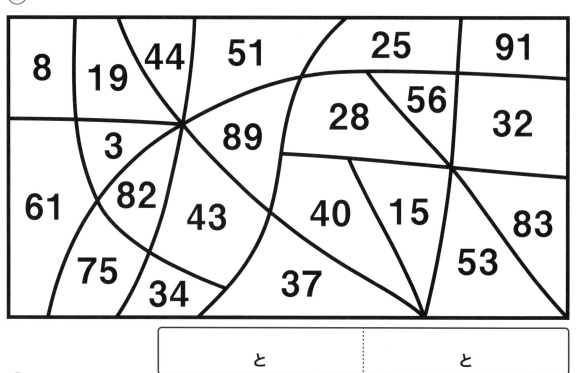

| | と | | と | |

②

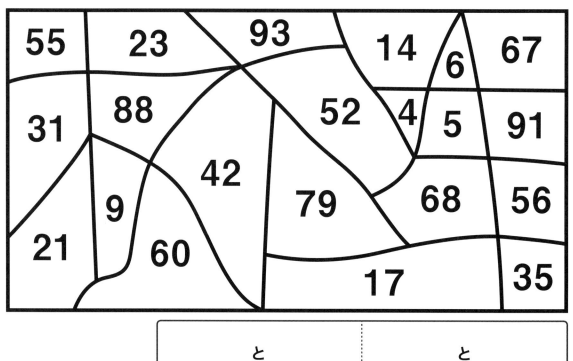

| | と | | と | |

答え ▶ P.115

76 計算符号パズル

●式が成り立つように、＋－×÷の記号を書きましょう。

① 6 □ 5 = 11　　⑫ 6 □ 5 = 30

② 15 □ 8 = 23　　⑬ 6 □ 2 = 3

③ 10 □ 3 = 7　　⑭ 2 □ 4 = 8

④ 28 □ 7 = 4　　⑮ 18 □ 9 = 9

⑤ 4 □ 6 = 24　　⑯ 6 □ 4 = 2

⑥ 7 □ 2 = 5　　⑰ 25 □ 5 = 5

⑦ 5 □ 9 = 45　　⑱ 16 □ 2 = 8

⑧ 33 □ 3 = 11　　⑲ 14 □ 4 = 18

⑨ 8 □ 8 = 64　　⑳ 9 □ 7 = 63

⑩ 24 □ 7 = 17　　㉑ 26 □ 6 = 20

⑪ 13 □ 8 = 21　　㉒ 72 □ 8 = 9

答え▶P.116

77 漢数字の慣用句・ことわざ

●リストにある漢数字を入れて、慣用句やことわざを完成させましょう。漢数字は1回ずつすべて使います。

① ☐か☐か

② ☐害_{がい}あって☐利_りなし

③ ☐階_{かい}から目薬_{めぐすり}

④ 腹_{はら}☐分目に医者いらず_{ぶんめ　いしゃ}

⑤ 紙_{かみ}☐重_え

⑥ 仏の顔も_{ほとけ　かお}☐度まで_ど

⑦ ☐の舞を演じる_{まい　えん}

⑧ ☐人寄れば文殊の知恵_{にんよ　もんじゅ　ちえ}

⑨ ☐事が_じ☐事_じ

⑩ ☐死に_し☐生を得る_{しょう　え}

⑪ ☐☐☐計逃げるにしかず_{けいに}

⑫ ☐兎を追う者は_{と　お　もの}☐兎をも得ず_{と　え}

リスト

一　一　一　一　一　二

二　二　三　三　三　六　八

八　九　十　百　万

答え ▶ P.116

●計算をして、答えを数字で書きましょう。数字で書いて計算してもOKです。

① ろく ＋ 五　　　　　　　　＝ ☐

② じゅうに ÷ ⚃　　　　　　＝ ☐

③ 四 × ジュウサン　　　　　＝ ☐

④ ロクジュウハチ ÷ ⚁　　＝ ☐

⑤ 七十三 ＋ じゅうきゅう　＝ ☐

⑥ ヨンジュウロク ＋ 二十四　＝ ☐

⑦ はちじゅうに − ジュウハチ　＝ ☐

⑧ ⚅ × ジュウゴ ÷ 二　　＝ ☐

⑨ 三 × ⚂ − ナナ　　　　＝ ☐

⑩ ニジュウハチ × に ＋ 一　＝ ☐

⑪ じゅうろく − 七 ＋ ⚀　＝ ☐

答え ▶ P.116

83

79 計算ぬり絵

▲①②のぬるマスの合計

●計算の答えが下のようになるマスをぬり、最後に現れるカタカナを答えましょう。

現れる文字

① 答えが24になるマスをぬりましょう。

64÷8	28−6	17+6	1×9	25−3	14÷7	20÷4
7×5	40÷5	8×3	9+11	26−2	4×6	14+10
5+12	30−6	15−9	36÷2	9+15	3+20	25−1
11+13	12×2	2×10	6+4	20+4	6×9	3×8
29−7	19+5	15+8	54÷9	28−4	12−2	16+8
3×7	48÷2	18÷3	30−4	2+22	24÷4	29−5
36÷6	27−3	8×8	7+8	6×4	12+12	3+21
8+13	6×7	12÷2	27−5	4×8	20−8	9×3

現れる文字

② 答えが5か16になるマスをぬりましょう。

9−7	40÷5	11−8	12+8	19−3	4+3	16÷4
5×1	3×8	9÷3	4−1	4×4	2×7	2+7
18−2	9+4	18−9	5×3	20÷4	49÷7	7×1
10÷2	8−3	8+8	64÷8	7−2	2×8	7−4
8×2	17−3	6×5	1+6	40÷8	13−6	4+1
10−5	9×7	11+4	81÷9	1×5	7+7	8×6
2+3	15÷3	9−4	4×3	9+7	5×9	8÷2
1×6	48÷6	20−7	15+2	3+1	15÷5	19−5

正しいマスがぬれていれば正解です。

答え ▶ P.116

80 数字絵間違い探し

月　　日　　　　時間　　分　　秒　　正答数 ／7

●「ダルマとコマ」の数字絵です。下の 誤 には上と違う数字が6
か所あります。探して○をつけましょう。最後に間違ってい
る数字をすべて足しましょう。

間違い
6か所

正

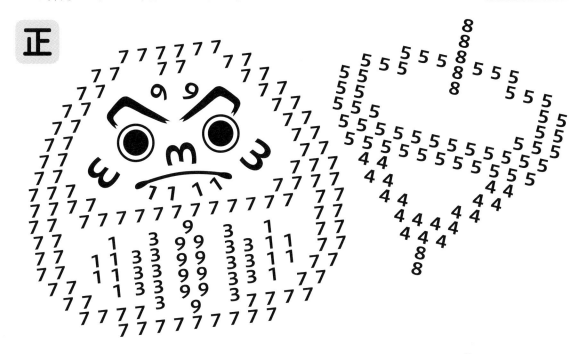

誤

間違っている数字

　　＋　　　＋　　　＋　　　＋　　　＋　　＝

答え ▶ P.117

85

月　　　日

いちばん多いものは何？

うま　　うし　　ひつじ　　うさぎ

 この中でいちばん多いものは何でしょう。その数も答えましょう。

いちばん多いもの	合計数

答え ▶ P.117

時間　分　秒

正答数　／6

82 お金間違い探し

● 下の 誤 には6か所、上と異なる部分があります。それを探して○で囲みましょう。

正

間違い　**6か所**

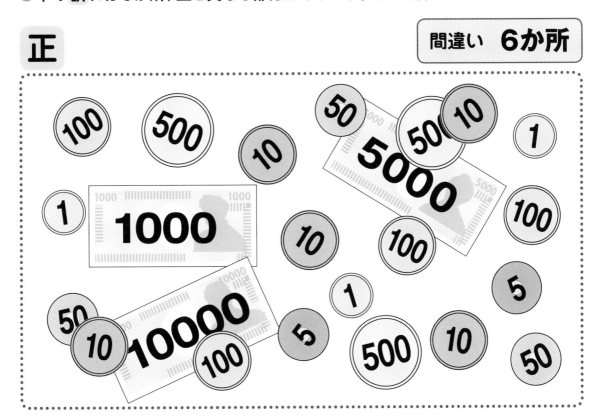

誤

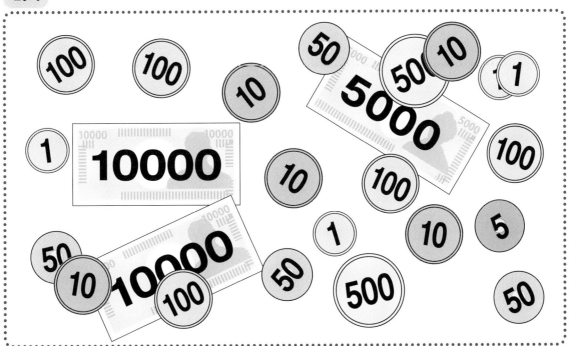

トランプ足し算

● トランプのマークごとにすべてのカード番号を足しましょう。
　A＝1、J＝11、Q＝12、K＝13です。

①

♡の合計

◇の合計

♣の合計

♠の合計

②

♡の合計

◇の合計

♣の合計

♠の合計

答え ▶ P.118

84 2つの数の計算

● 次の式を計算しましょう。

① $4 + 1 =$

② $9 \times 4 =$

③ $8 \times 8 =$

④ $7 + 2 =$

⑤ $5 \times 6 =$

⑥ $30 \div 3 =$

⑦ $63 \div 9 =$

⑧ $5 + 3 =$

⑨ $2 \times 6 =$

⑩ $11 - 5 =$

⑪ $10 - 8 =$

⑫ $9 \div 3 =$

⑬ $17 - 8 =$

⑭ $42 \div 6 =$

⑮ $4 \times 3 =$

⑯ $6 + 7 =$

⑰ $21 - 5 =$

⑱ $16 \div 2 =$

⑲ $3 \times 9 =$

⑳ $8 + 9 =$

㉑ $1 + 8 =$

㉒ $21 - 9 =$

答え ▶ P.118

● スタートからゴールへ進みましょう。ゴールへつながる道にある数字の合計を答えましょう。

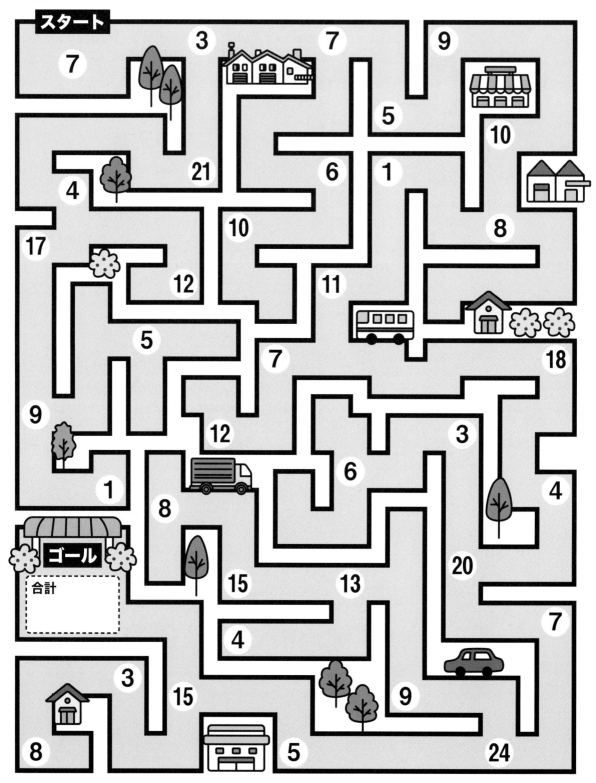

86 数字のキャンデイー

●みほんと同じ数字が入ったものを記号で答えましょう。

答え ▶ P.119

記号

時間 分　　秒

正答数 /16

87 漢数字で書こう

●次の数字を漢数字にしましょう。「365→三百六十五」のように位も書きましょう。

●2ケタ

① 47

② 22

③ 86

④ 93

⑤ 61

⑥ 58

●3ケタ

⑦ 136

⑧ 720

⑨ 699

⑩ 213

⑪ 855

⑫ 931

●4ケタ

⑬ 6018

⑭ 2377

⑮ 8509

⑯ 9484

答え ▶ P.119

88 同じ数字のペア

● 同じ数字のペアが3組あります。その数字を答えましょう。

92

77

8

72

95

43

25

9

4

18

41

6

25

59

93

39

13

86

72

4

月　日

時間　　分　秒

正答数 ／2

いちばん多い字は何？

●いちばん多い字と、その数を答えましょう。

て　セ　7　て

万　て　て　セ

万　7　て　セ

セ　て　万　て

ん　万　て　セ

7　7　て　万

セ　セ

セ　7　セ　＞

いちばん多い字	合計数

答え ▶ P.119

月　日

 時間　　分　　秒 正答数 ／6

答えが同じ計算

● 答えが同じ計算が２つあります。〇で囲み、その答えを書きましょう。

①

23＋30	48÷4	65−51
6×4	14＋2	3＋9
18−3	5×13	82÷2
9×7	16−11	答え

②

47＋19	54−30	84÷4
31×2	26＋24	75−27
69−33	39÷3	39＋17
58÷2	16×3	答え

答え ▶ P.119

1 F

2

$3 + 2 + 1 + 2 + 8 + 1 +$
$6 + 3 + 11 + 6 + 3 +$
$7 + 4 + 9 + 6 + 8 + 5$
$= 85$

3 ① いちばん多いもの：**キャンディー** 合計数：**8**
② いちばん多いもの：**ドーナツ** 合計数：**7**

4 ① 5 ② 11 ③ 12 ④ 15 ⑤ 10 ⑥ 4
⑦ 8 ⑧ 7 ⑨ 32 ⑩ 2 ⑪ 27 ⑫ 18
⑬ 7 ⑭ 3 ⑮ 8 ⑯ 48 ⑰ 5 ⑱ 9
⑲ 12 ⑳ 4 ㉑ 45 ㉒ 16

5

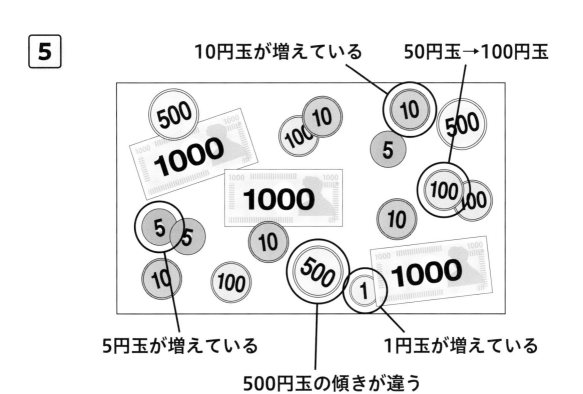

10円玉が増えている
50円玉→100円玉
5円玉が増えている
1円玉が増えている
500円玉の傾きが違う

6

①

72−57	50÷2	⦅2×16⦆
11+13	6×3	32−19
31−5	14+9	3×9
64÷4	16+14	**答え** 32

②

78÷3	27+5	14×2
58−24	⦅7×5⦆	60÷3
20+7	29−8	17+12
33−11	72÷4	**答え** 35

7 ① ♡ 21　◇ 10　♣ 21　♠ 20

② ♡ 7　◇ 19　♣ 25　♠ 30

8 いちばん多い字：3　合計数：7

9

① 71
  + 25

  96

② 66
  + 18

  84

③ 83
  + 59

  142

④ 92
  − 30

  62

⑤ 68
  − 48

  20

⑥ 55
  − 27

  28

⑦ 19
  × 42

  38
  76

  798

⑧ 24
  × 26

  144
  48

  624

⑨ 47
  × 63

  141
  282

  2961

10 7、13、24（順不同）

11 ① 3845円　　② 3318円

12 ① 6　　② 33　　③ 7　　④ 62　　⑤ 4　　⑥ 36
　　⑦ 41　　⑧ 8　　⑨ 2　　⑩ 14　　⑪ 19

13

① 十一　② 八十二　③ 七十五　④ 九十八

⑤ 三十九　⑥ 四十六　⑦ 二百五十三　⑧ 八百八十八

⑨ 三百十九　⑩ 百四十二　⑪ 七百五　⑫ 五百二十一

⑬ 千二百三十七　⑭ 九千二十四　⑮ 二千四百五十

⑯ 八千九百六十三

14

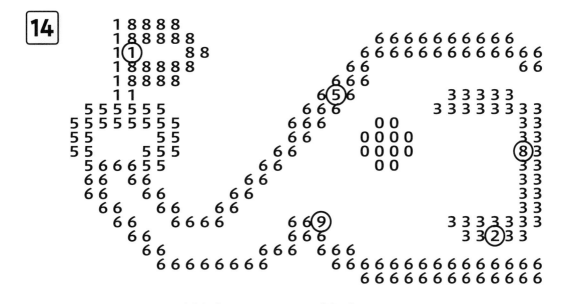

間違っている数字：**1＋9＋5＋2＋8＝25**

（足し算の数字は順不同）

15　① **18と82、24と76**　② **16と84、39と61**

（各問順不同）

16
① （瓜）二（つ）　② （石の上にも）三（年）

③ （鶴の）一（声）　④ **五十**（歩）**百**（歩）

⑤ （なくて）**七**（癖）　⑥ 二（の句が継げない）

⑦ （嘘）**八百**　⑧ 一（難去ってまた）一（難）

⑨ **万**（事休す）　⑩ （天は）二（物を与えず）

⑪ 一（寸の虫にも）**五**（分の魂）

⑫ （人の噂も）**七十五**（日）

17

① 現れる文字 **ユキ**

3+1	4×2	4+2	10−7	15÷3	1×1	8+2
5−4	5+1	4−1	5×6	3×2	9−2	6+3
2+8	10−3	1+6	13−5	28÷4	3+4	11−4
1+2	9−1	7×1	8×3	9+8	42÷6	3+2
18÷6	3×4	12−5	8+1	35÷5	7÷1	2+5
4−2	8−3	14÷2	12−9	2+3	13−6	9+1
14−7	63÷9	8−1	5+2	2×6	1×7	11−5
5+5	24÷2	7+3	8×2	9×7	7−2	9÷3

② 現れる文字 **ウミ**

6÷3	1×1	5+2	7−1	8+8	2+2	1+4
5×2	1+8	10−4	4×4	45÷5	27÷9	6+1
10−1	18÷2	3−2	3+8	3×7	3+6	6×3
3×3	1+5	15−6	5−3	27÷3	11−3	9−8
8×5	10+1	5−4	9×5	20÷4	1÷1	1×8
5+9	12÷6	7−6	6−2	5+4	7+1	6−5
3×9	81÷9	7−4	8÷2	9−5	18−9	2×2
13−4	3−1	4+7	12−5	7×1	4÷1	7+2

18
① 21　② 18　③ 28　④ 72　⑤ 9　⑥ 21

⑦ 7　⑧ 15　⑨ 11　⑩ 6　⑪ 12

19
① ÷　② −　③ ＋　④ −　⑤ ×　⑥ ÷

⑦ ＋　⑧ −　⑨ ×　⑩ ÷　⑪ ×　⑫ ＋

⑬ ＋　⑭ −　⑮ ＋　⑯ −　⑰ ＋　⑱ ÷

⑲ ÷　⑳ ×　㉑ ＋　㉒ ＋

20

① 十（人）十（色）　② 千（載）一（遇）　③ 一（念発起）

④ 五（里霧中）　⑤ 四六（時中）　⑥ （岡目）八（目）

⑦ （笑止）千万　⑧ （危機）一（髪）　⑨ 百（発）百（中）

⑩ 四（面楚歌）　⑪ （舌先）三（寸）　⑫ 一（網打尽）

⑬ 一（騎当）千　⑭ （森羅）万（象）

21

8 ＋ 10 ＋ 4 ＋ 6 ＋ 5 ＋
11 ＋ 17 ＋ 1 ＋ 8 ＋ 2 ＋
12 ＋ 6 ＋ 4 ＋ 6 ＋ 5 ＋
9 ＋ 7 ＋ 8 ＋ 14 ＋ 1 ＋ 16
＝ 160

22

① いちばん多いもの：**リンゴ**　合計数：**9**

② いちばん多いもの：**バナナ**　合計数：**6**

23 ① 29と71、41と59　② 14と86、33と67

（各問順不同）

---

24 ① 48　② 5　③ 7　④ 36　⑤ 5　⑥ 48

　　⑦ 32　⑧ 8　⑨ 21　⑩ 19　⑪ 6

25

①	②	③	④	⑤
27 + 61	12 + 94	78 + 45	77 − 52	81 − 69
88	106	123	25	12

⑥	⑦	⑧	⑨
63 − 16	51 × 28	62 × 37	36 × 79
47	408	434	324
	102	186	252
	1428	2294	2844

26

①

7+6	5×3	11+5
52−39	25−10	81÷9
(22−16)	2×5	72÷6
1×7	3+8	答え 6

②

10×3	90÷2	18+19
61−27	2×18	98−59
8×4	62÷2	15+14
71−38	(17+11)	答え 28

27 D

---

28 ① 2306円　　② 3822円

29
① 二十七　　② 六十六　　③ 九十五　　④ 七十九

⑤ 四十一　　⑥ 三十　　⑦ 百十　　⑧ 七百四十八

⑨ 二百八十三　　⑩ 三百九十二　　⑪ 五百七十四

⑫ 六百二十九　　⑬ 三千三百三十三　　⑭ 六千九百五十一

⑮ 四千四百二　　⑯ 五千八百十五

30

間違っている数字：1＋5＋3＋3＋9＝21

（足し算の数字は順不同）

31

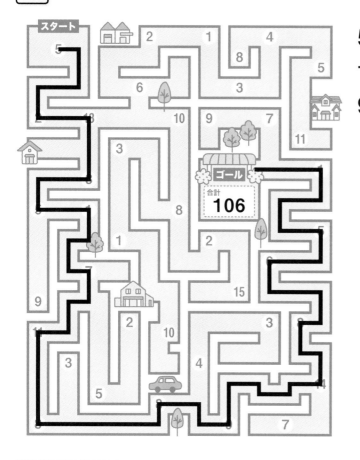

$$5 + 2 + 13 + 3 + 5 +$$
$$1 + 7 + 11 + 8 + 8 +$$
$$9 + 14 + 8 + 6 + 5 + 1$$
$$= 106$$

32

① ×	② ÷	③ ×	④ +	⑤ −	⑥ ×
⑦ +	⑧ −	⑨ ÷	⑩ +	⑪ −	⑫ +
⑬ ×	⑭ −	⑮ +	⑯ +	⑰ −	⑱ ×
⑲ ÷	⑳ +	㉑ −	㉒ ÷		

33

① いちばん多いもの：**いぬ**　合計数：**6**

② いちばん多いもの：**にわとり**　合計数：**7**

34

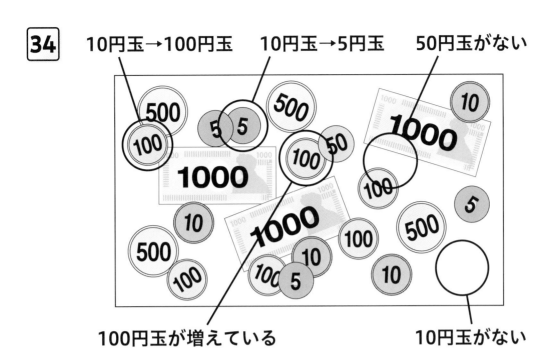

10円玉→100円玉　　10円玉→5円玉　　50円玉がない

100円玉が増えている　　　　　　　　10円玉がない

35

① 現れる文字 **ニラ**

3×8	8-4	2+1	9÷3	5÷1	4×2	6-3
3-2	16÷4	10-6	5×5	10-8	14÷7	8-6
1×1	6-4	10÷5	7-3	2+3	4+6	9×7
15÷5	6+6	5-1	9+7	1+1	5-3	2÷1
8+3	7×5	8÷2	2×3	9-5	4÷4	18÷9
3-1	4-2	1×2	8÷4	1÷1	3×4	9-7
18÷6	2-1	3+1	12÷3	5+3	6÷3	1+4
3+6	4×5	4-3	11-8	2×1	6×3	6÷2

② 現れる文字 **モチ**

32÷4	3+8	3×3	8-3	2×5	10÷5	6-2
3+3	2×3	24÷6	18÷6	13-6	8-4	2+2
5×1	10-4	21÷3	15-7	2×2	12-6	1+2
3+2	12÷3	5+8	8×2	7+4	18÷3	7-4
5+1	4×1	12÷2	7÷7	5-1	2×2	1+3
9-2	2+4	18÷2	5-3	6×7	9-3	27÷9
9×2	8÷2	10-5	6+4	4÷2	16÷4	1×3
2+8	7-3	30÷5	4×2	1×6	9+2	9-8

36 ① 一（矢を報いる）　② 一（年の計は元旦にあり）

③ 三（度目の正直）　④ 二（足のわらじを履く）

⑤ 二（の足を踏む）　⑥ 百（聞は）一（見にしかず）

⑦ 八（方塞がり）　⑧ （桃栗）三（年柿）八（年）

⑨ 三（顧の礼）　⑩ （早起きは）三（文の得）

⑪ 一（富士）二（鷹）三（茄子）

⑫ （鶴は）千（年、亀は）万（年）

---

37 3、26、54（順不同）

---

38 ① 4　② 21　③ 46　④ 9　⑤ 53　⑥ 8

⑦ 9　⑧ 88　⑨ 2　⑩ 1　⑪ 35

39

①

67−21	72÷3	15+15
⭕6×6	32+13	35−14
19+23	48−11	80÷5
5×4	⭕75−39	答え **36**

②

⭕23−5	7×3	40÷4
51−32	5×5	9+8
35÷5	⭕11+7	8×3
41−26	27÷9	答え **18**

106

40

① 4	② 16	③ 12	④ 15	⑤ 11	⑥ 14
⑦ 4	⑧ 13	⑨ 5	⑩ 20	⑪ 9	⑫ 6
⑬ 3	⑭ 14	⑮ 5	⑯ 44	⑰ 9	⑱ 9
⑲ 4	⑳ 10	㉑ 63	㉒ 11		

41　♡ 28　◇ 37　♣ 28　♠ 24

42　いちばん多い字：の　合計数：9

43

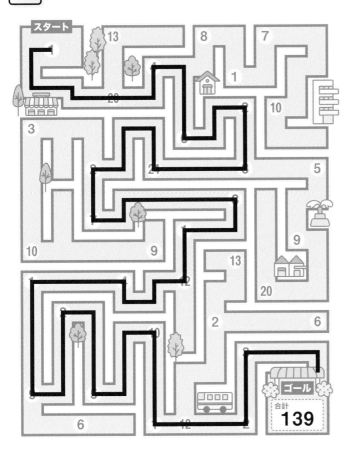

$1 + 20 + 4 + 6 + 2 +$
$3 + 24 + 2 + 7 + 8 +$
$1 + 12 + 4 + 1 + 9 +$
$2 + 5 + 10 + 1 + 12 +$
$2 + 3$
$= 139$

45

① 現れる文字 **CD**

27÷3	1×9	72÷8	10−3	12−3	2+7	7+6
10−1	6+2	3+6	4×5	5+4	3÷3	54÷6
7+2	2×4	12−6	16÷2	1+8	7×2	36÷4
8+1	15−8	6×2	1+5	63÷7	17−9	11−2
13−4	56÷7	3+7	5−4	45÷5	18÷9	3×3
4+5	5×3	18÷2	12÷4	16−7	9+1	15−6
14−5	9÷1	18−9	11−3	9×1	6+3	48÷6
1×8	2+9	64÷8	8×4	8+8	9−2	9×3

② 現れる文字 **SF**

54÷9	3×8	8÷2	14−5	7+2	14÷7	10−8
1+7	16÷2	2×4	2×3	1×3	3+5	4+4
9−1	9+4	27÷9	8−4	14−6	4×6	8+7
2+1	6×4	11−6	72÷8	21÷7	1+8	3×3
5−2	6÷2	8×1	4+3	6+2	10−7	9÷3
1×5	24÷6	64÷8	5×2	1×8	42÷6	9−2
12÷4	6+8	3×1	15−4	15−7	7−5	5+5
2+6	4×2	11−8	6÷1	24÷3	8×2	12÷3

46

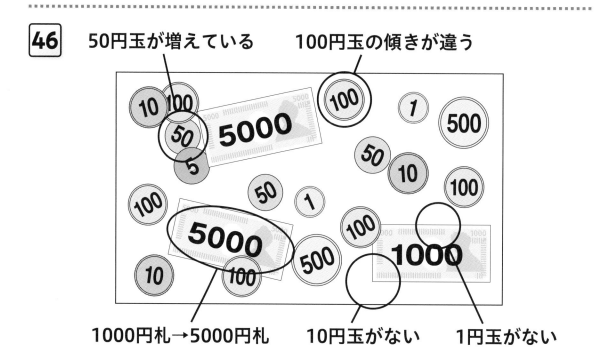

50円玉が増えている
100円玉の傾きが違う
1000円札→5000円札
10円玉がない
1円玉がない

47　① －　② ＋　③ －　④ ×　⑤ ＋　⑥ －
　⑦ ÷　⑧ ×　⑨ ＋　⑩ －　⑪ ×　⑫ ÷
　⑬ ×　⑭ －　⑮ ＋　⑯ ÷　⑰ ×　⑱ －
　⑲ ×　⑳ ÷　㉑ ÷　㉒ ＋

48　① 12と88、47と53　② 30と70、26と74

（各問順不同）

49

① 五十六　② 七十一　③ 十四　④ 六十八　⑤ 九十七

⑥ 八十五　⑦ 百七　⑧ 五百三十二　⑨ 三百二十六

⑩ 六百五十九　⑪ 九百八十三　⑫ 七百十二

⑬ 五千百四十　⑭ 七千六百六十四　⑮ 千八百二十八

⑯ 三千二百九十一

50　37、49、95（順不同）

51　① 7287円　② 6923円

52　① 42　② 30　③ 56　④ 43　⑤ 29　⑥ 2
　⑦ 62　⑧ 75　⑨ 18　⑩ 74　⑪ 81

53

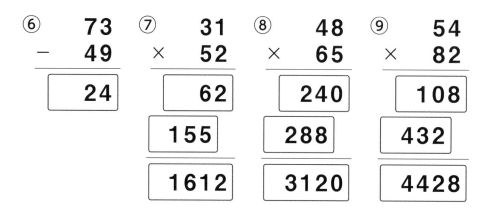

①
```
    43
  + 36
  ────
    79
```

②
```
    51
  + 88
  ────
   139
```

③
```
    95
  + 37
  ────
   132
```

④
```
    89
  − 15
  ────
    74
```

⑤
```
    91
  − 62
  ────
    29
```

⑥
```
    73
  − 49
  ────
    24
```

⑦
```
    31
  × 52
  ────
    62
   155
  ────
  1612
```

⑧
```
    48
  × 65
  ────
   240
   288
  ────
  3120
```

⑨
```
    54
  × 82
  ────
   108
   432
  ────
  4428
```

54 いちばん多いもの：**乗用車**　合計数：**10**

55

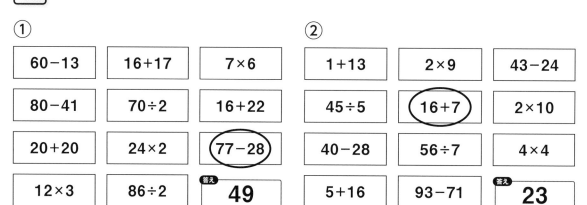

①

60−13	16+17	7×6
80−41	70÷2	16+22
20+20	24×2	(77−28)
12×3	86÷2	答え **49**

②

1+13	2×9	43−24
45÷5	(16+7)	2×10
40−28	56÷7	4×4
5+16	93−71	答え **23**

56

間違っている数字：**1＋5＋6＋9＋3＋3＝27**

（足し算の数字は順不同）

57

① 三（日坊主）　② 百（鬼夜行）　③ 一（蓮托生）

④ 四（苦）八（苦）　⑤ 五（臓）六（腑）　⑥ 千（差）万（別）

⑦ 一（刀両断）　⑧ 一（件落着）　⑨ （朝）三（暮）四

⑩ （海）千（山）千　⑪ （波乱）万（丈）　⑫ 八（方美人）

⑬ 百（花繚乱）　⑭ 一（心不乱）

58　① 49と51、28と72　② 32と68、15と85

（各問順不同）

59　D

60

① +	② −	③ ×	④ ×	⑤ ÷	⑥ +
⑦ ÷	⑧ +	⑨ ×	⑩ ×	⑪ −	⑫ ×
⑬ −	⑭ ×	⑮ ×	⑯ +	⑰ −	⑱ +
⑲ +	⑳ ÷	㉑ ×	㉒ ÷		

61　いちばん多い字：**お**　合計数：**8**

62

①　現れる文字　**39**

16÷4	2×8	4+9	56÷7	2+4	18−7	11÷1
3×4	16−4	9+3	6+8	12×1	7+5	6×2
9+1	24÷3	13−1	8×6	1+11	6×4	36÷3
7×5	8+5	10+2	15−8	15−3	45÷5	20−8
4+8	2×6	12÷1	10+4	19−7	6+6	1×12
7−5	4×8	8+4	8÷4	4−3	12÷2	24÷2
9÷3	14−6	14−2	11−1	3×5	7+3	17−5
11+1	5+7	4×3	5+6	17−2	9×3	3+9

②　現れる文字　**47**

2×5	13−5	3+7	6−1	2+8	9+1	12−5
11−1	1+8	10−3	10÷5	5×2	9×7	2+5
9−2	8×1	21÷3	9+7	12−2	2+9	10÷1
1+6	3+4	5+5	28÷4	4×3	18÷9	4+6
9−6	63÷7	1×10	7−3	6÷2	7+7	15−5
3×7	10−2	7+3	10×2	4+5	6×5	14÷2
32÷8	8+3	7×1	28÷7	24÷3	10−4	1+9
2+6	5×3	17−8	3+8	14−5	16÷2	2×4

63

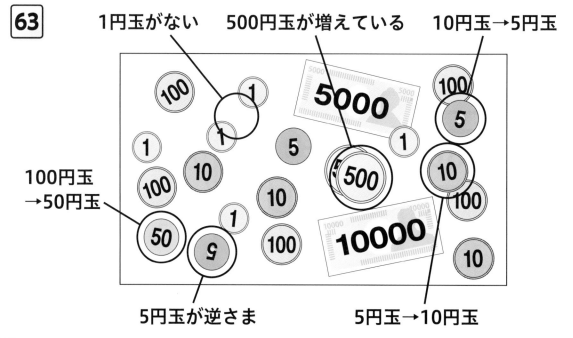

1円玉がない

500円玉が増えている

10円玉→5円玉

100円玉→50円玉

5円玉が逆さま

5円玉→10円玉

64 ♡ 45　　◇ 23　　♣ 25　　♠ 41

65 ① 10　　② 24　　③ 54　　④ 33　　⑤ 48　　⑥ 63
　　　 ⑦ 5　　 ⑧ 12　　 ⑨ 9　　 ⑩ 3　　 ⑪ 70

66

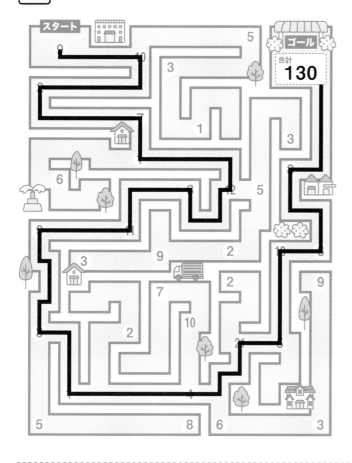

$9 + 10 + 2 + 7 + 1 +$
$12 + 3 + 11 + 9 + 3 +$
$1 + 4 + 21 + 5 + 18 +$
$6 + 8$
$= 130$

67 ① いちばん多いもの：**トラック**　合計数：**5**
　　　② いちばん多いもの：**バイク**　合計数：**6**

68

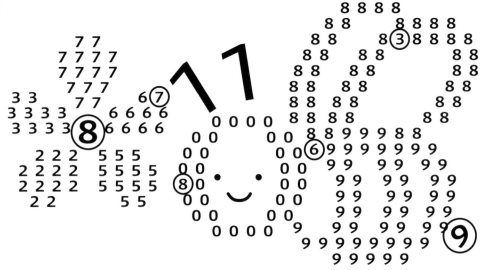

間違っている数字：**8＋7＋8＋6＋3＋9＝41**

（足し算の数字は順不同）

69

①

54÷6	5+7	35−24
9+1	3×5	8+6
2×4	31−14	(35÷7)
15−3	75−58	答え **5**

②

9×1	2+5	30−22
70÷5	14−2	6+4
(42÷7)	56−42	2×8
21−10	8+7	答え **6**

70

①
$$
\begin{array}{r} 31 \\ + 22 \\ \hline \end{array}
$$
53

②
$$
\begin{array}{r} 67 \\ + 73 \\ \hline \end{array}
$$
140

③
$$
\begin{array}{r} 46 \\ + 57 \\ \hline \end{array}
$$
103

④
$$
\begin{array}{r} 33 \\ - 14 \\ \hline \end{array}
$$
19

⑤
$$
\begin{array}{r} 64 \\ - 29 \\ \hline \end{array}
$$
35

⑥
$$
\begin{array}{r} 85 \\ - 76 \\ \hline \end{array}
$$
9

⑦
$$
\begin{array}{r} 13 \\ \times 84 \\ \hline \end{array}
$$
52
104
1092

⑧
$$
\begin{array}{r} 78 \\ \times 32 \\ \hline \end{array}
$$
156
234
2496

⑨
$$
\begin{array}{r} 94 \\ \times 23 \\ \hline \end{array}
$$
282
188
2162

---

71 C

---

72 ① 16206円　② 13127円

---

73 いちばん多い字：ホ　合計数：7

---

74 5、12、23（順不同）

---

75 ① 25と75、44と56　② 9と91、21と79

（各問順不同）

76
① ＋　② ＋　③ －　④ ÷　⑤ ×　⑥ －
⑦ ×　⑧ ÷　⑨ ×　⑩ －　⑪ ＋　⑫ ×
⑬ ÷　⑭ ×　⑮ －　⑯ －　⑰ ÷　⑱ ÷
⑲ ＋　⑳ ×　㉑ －　㉒ ÷

77
① 一(か)八(か)　② 百(害あって)一(利なし)

③ 二(階から目薬)　④ (腹)八(分目に医者いらず)

⑤ (紙)一(重)　⑥ (仏の顔も)三(度まで)

⑦ 二(の舞を演じる)　⑧ 三(人寄れば文殊の知恵)

⑨ 一(事が)万(事)　⑩ 九(死に)一(生を得る)

⑪ 三十六(計逃げるにしかず)

⑫ 二(兎を追う者は)一(兎をも得ず)

78
① 11　② 3　③ 52　④ 34　⑤ 92　⑥ 70
⑦ 64　⑧ 45　⑨ 2　⑩ 57　⑪ 10

79

①　現れる文字　**イロ**

64÷8	28−6	17+6	1×9	25−3	14÷7	20÷4
7×5	40÷5	8×3	9+11	26−2	4×6	14+10
5+12	30−6	15−9	36÷2	9+15	3+20	25−1
11+13	12×2	2×10	6+4	20+4	6×9	3×8
29−7	19+5	15+8	54÷9	28−4	12−2	16+8
3×7	48÷2	18÷3	30−4	2+22	24÷4	29−5
36÷6	27−3	8×8	7+8	6×4	12+12	3+21
8+13	6×7	12÷2	27−5	4×8	20−8	9×3

②　現れる文字　**ヒト**

9−7	40÷5	11−8	12+8	19−3	4+3	16÷4
5×1	3×8	9÷3	4−1	4×4	2×7	2+7
18−2	9+4	18−9	5×3	20÷4	49÷7	7×1
10÷2	8−3	8+8	64÷8	7−2	2×8	7−4
8×2	17−3	6×5	1+6	40÷8	13−6	4+1
10−5	9×7	11+4	81÷9	1×5	7+7	8×6
2+3	15÷3	9−4	4×3	9+7	5×9	8÷2
1×6	48÷6	20−7	15+2	3+1	15÷5	19−5

80

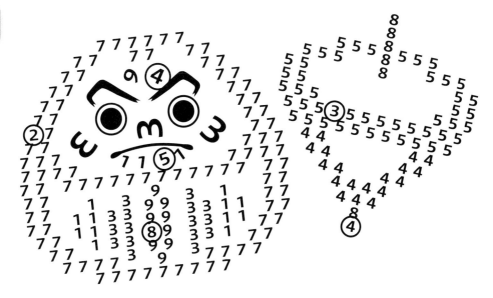

間違っている数字：**2 + 4 + 5 + 8 + 3 + 4 = 26**

（足し算の数字は順不同）

---

81 いちばん多いもの：**うま**　合計数：**8**

82

1000円札
→10000円札

500円玉
→100円玉

1円玉が増えている

100円玉が左へ移動

5円玉→50円玉

10円玉が上へ移動

117

83
① ♡ 26　　◇ 7　　♣ 21　　♠ 19
② ♡ 15　　◇ 30　　♣ 23　　♠ 12

84
① 5　　② 36　　③ 64　　④ 9　　⑤ 30　　⑥ 10

⑦ 7　　⑧ 8　　⑨ 12　　⑩ 6　　⑪ 2　　⑫ 3

⑬ 9　　⑭ 7　　⑮ 12　　⑯ 13　　⑰ 16　　⑱ 8

⑲ 27　　⑳ 17　　㉑ 9　　㉒ 12

85

$7 + 3 + 7 + 5 + 9 + 10$
$+ 8 + 1 + 11 + 18 + 4$
$+ 20 + 7 + 24 + 5 + 15$
$= 154$

86 E

87

① 四十七　② 二十二　③ 八十六　④ 九十三

⑤ 六十一　⑥ 五十八　⑦ 百三十六　⑧ 七百二十

⑨ 六百九十九　⑩ 二百十三　⑪ 八百五十五

⑫ 九百三十一　⑬ 六千十八　⑭ 二千三百七十七

⑮ 八千五百九　⑯ 九千四百八十四

---

88 4、25、72（順不同）

---

89 いちばん多い字：て　合計数：9

90

①

23＋30	(48÷4)	65－51
6×4	14＋2	(3＋9)
18－3	5×13	82÷2
9×7	16－11	答え **12**

②

47＋19	54－30	84÷4
31×2	26＋24	(75－27)
69－33	39÷3	39＋17
58÷2	(16×3)	答え **48**

学研脳トレ

川島隆太教授のらくらく脳体操 数パズル 90日

2021 年 10 月 26 日　　第 1 刷発行
2022 年 4 月 13 日　　第 3 刷発行

監修者	川島隆太	
発行人	中村公則	
編集人	滝口勝弘	
編集長	古川英二	
発行所	株式会社　学研プラス	
	〒141-8415　東京都品川区西五反田 2-11-8	
印刷所	中央精版印刷株式会社	

STAFF	編集制作	株式会社 エディット
		（西沢悠希、山崎加奈、三木瑞希）
	本文DTP	株式会社 アクト
	校正	奎文館
	イラスト	角田正己（illustration Poo）　さややん。　水野ゆうこ
		株式会社千里　株式会社エディット（堀あやか）

この本に関する各種お問い合わせ先

●本の内容については、下記サイトのお問い合わせフォームよりお願いします。

https://gakken-plus.co.jp/contact/

●在庫については　Tel 03-6431-1250（販売部）

●不良品（落丁・乱丁）については　Tel 0570-000577

学研業務センター

〒 354-0045　埼玉県入間郡三芳町上富 279-1

●上記以外のお問い合わせは　Tel 0570-056-710（学研グループ総合案内）

学研の書籍・雑誌についての新刊情報・詳細情報は、下記をご覧ください。

学研出版サイト　https://hon.gakken.jp/